2品でパスタ定食

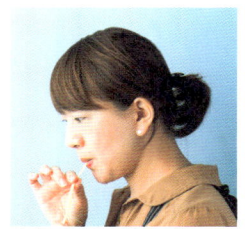

小堀紀代美

文化出版局

カフェのまかないから生まれた、パスタのレシピです

こんにちは！　coboこと、小堀紀代美です。

２年ほどカフェをやっていたとき、一番の人気メニューはパスタでした。みんな、パスタが大好き。注文が入るたびに、スタッフも無性に食べたくなって……（笑）。だから、「まかない、なに食べたい？」ってきくと、いつも「パスタ！」という返事が多かったですね。

でも、パスタをおいしく食べるためには、タイミングが重要。お客さまのいないすきをねらって、食べなくてはなりません。パスタのソースができていないのに、パスタがゆで上がってしまってはNG。その逆で、ソースを先に作っておけば、お客さまがとぎれたときに、すぐパスタをゆでればOKです。パスタはゆで上がってしまったら、放置できないけれど、ソースはそのままおいておけるわけです。

パスタを何百回、いや何千回と作っていると、おいしさの少しの差がよくわかるようになります。今日のソースはシャバシャバだったので、パスタにからんでいないなとか、煮つめ方がちょっと甘かったから、コクが足りない気がするなど。回を重ねた分だけ、おいしく作るコツを覚えたので、それをこの本でぜひご紹介したいと思います。

今回はパスタともう一品の２品で、満足できるごはんになるよう考えました。パスタとサイドディッシュはおすすめの組合せにしてありますが、このとおりでなくてももちろんOK。前菜としてサイドディッシュを数品選び、好きなパスタと組み合わせれば、おもてなしにもなります。

また、この本で使っている器はフランスと北欧の古いものがメインですが、すべて私の手持ちのものです。ページをペラペラめくって、「かわいい！」と見てもらえるとうれしいです。キッチンの片隅にこの本を置いて、どうか自由に使ってください。

2品でパスタ定食

Contents

02　カフェのまかないから生まれた、パスタのレシピです
06　絶対おいしく作れる！ cobo流パスタ 8つのコツ
12　cobo流パスタ 基本の流れ

白いパスタ　　― アーリオ・オーリオ系 ―

16　ボンゴレ・ビアンコ + ギリシャ風サラダ
18　ミニトマトのパスタ + じゃがたこサラダ
20　ブロッコリーとアンチョビーのペンネ + シトラスサラダ
22　いかといかわたのパスタ + トマトのブルスケッタ
24　フレッシュトマトと甘えびのパスタ + 葉っぱと黒ごまのサラダ
26　ハーブ・ペペロンチーノ + カリフラワー、じゃがいも、ベーコンのグラタン
27　ズッキーニと生ハムのパスタ + いちごとトマトのミントサラダ
30　カッチョ・エ・ペペ + アスパラガスのポーチトエッグのせ

赤いパスタ　　― トマトソース系 ―

36　アマトリチャーナ + ハーブのフリッタータ
38　ズッキーニのフレッシュトマトソースパスタ + 緑の豆の焦がしバターソテー
40　赤ワインミートソースパスタ + なすのグリル ヨーグルトソース
42　白ワインミートソースパスタ + すいかとブルーチーズのサラダ
44　なすとベーコンのパスタ + かじきとブロッコリーのマスタード風味
46　ミニミニミートボールパスタ + 紫キャベツと柿のブルーチーズサラダ
48　バジルとモッツァレッラのトマトソースパスタ + 赤かぶのパリパリサラダ
50　ツナとしめじのペンネ + 焼き野菜のアンチョビーソース
52　ナポリタン + グリーンピースと半熟卵のサラダ

コクのあるパスタ　　— チーズ、クリーム系 —

- 56　きのこのクリームパスタ + 根菜のポットロースト
- 58　カルボナーラ + マッシュルーム入りグリーンサラダ
- 59　スモークサーモンのクリームパスタ + 紫キャベツとにんじんのレモンサラダ
- 62　ジェノベーゼ + さつまいものソテーといちじく
- 64　うにのクリームパスタ + 白身魚のカルパッチョ
- 66　ブルーチーズとくるみのペンネ + じゃがいもとアボカドのサラダ
- 68　鶏ひき肉とアーモンドのクリームパスタ + パプリカのロースト
- 70　レモンクリームパスタ + 粗びきソーセージとセロリサラダ
- 72　かきと白菜のクリームパスタ + いんげんのくるみあえ

おまけレシピ

- 74　カリフラワーの簡単パスタ + サーモンソテーの香味野菜ソース
- 75　いろいろトマトの冷製パスタ + ズッキーニとミントのサラダ
- 78　ミネストローネ + チキングリル バルサミコ風味
- 79　明太子のパスタ + アボカドの梅ぽん酢

- 32　食材選びが味の決め手
- 82　パスタを盛りやすい器
- 86　器とクロスの柄合せ

・この本で使用している計量カップは200㎖、計量スプーンは大さじ1＝15㎖、小さじ1＝5㎖です。
・オーブンの焼き時間は機種によって違うので、様子を見ながら調節してください。

絶対おいしく作れる！

cobo流 パスタ8つのコツ

コツ1 フライパンとゴムべらが基本の道具

用意する道具はフライパンと耐熱性のゴムべら、パスタをゆでる大きめの鍋。フライパンはソースを煮つめるため、水分がとびやすいように口の開いた浅めのものを。ゴムべらは私はル・クルーゼのスクープ型を愛用しているけれど、手に入らない場合は普通のゴムべらでOK。プロのようにフライパンをあおれなくても大丈夫。左手でフライパンを水平にゆすり、同時に右手のゴムべらでぐるぐるかき回してソースを乳化させる。

コツ ②

ソースは先に作っておく

プロはパスタをゆでるのとソース作りを同時進行するけれど、これがけっこうむずかしい。ソースを先に作っておけば、あとはタイミングを計ってパスタをゆでればOK。イタリアのマンマも、ソースを先に作っておくことが多い。

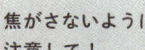
焦がさないように注意して！

コツ ③

ソースのにんにくはじっくり火を通す

にんにくの風味をオリーブオイルに移すのは、ソースの味のベースとなるから実はとっても大事！ 特にアーリオ・オーリオの場合は、これでかなり味が決まる。ポイントはオリーブオイルやにんにくを冷たい状態のフライパンに入れてから、弱火にかけること。写真のようにフライパンを傾けると、少量でもにんにくにオイルがかぶる状態になる。にんにくが色づくまでじっくりと加熱し、香ばしい風味にする。

コツ **4**

パスタをゆでる湯は2人分で2〜3ℓ、塩は湯の0.6〜0.7％が目安

パスタをゆでる湯はたっぷり用意する。一般的な塩加減は1％くらいだけれど、cobo流は普通よりゆで汁をたくさん使うので、塩分が増えないように控えめの割合にする。

パスタの火の通し方は、こんなイメージ

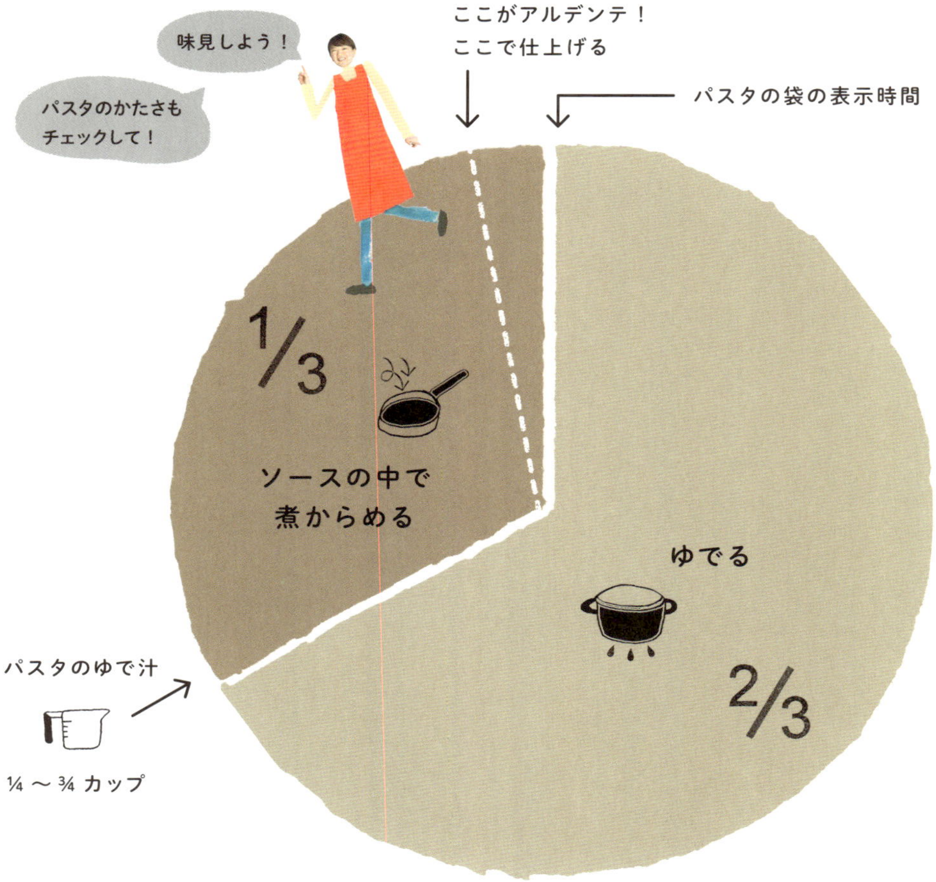

- 味見しよう！
- パスタのかたさもチェックして！
- ここがアルデンテ！ここで仕上げる
- パスタの袋の表示時間
- 1/3 ソースの中で煮からめる
- パスタのゆで汁 ¼〜¾カップ
- ゆでる 2/3

パスタの袋の表示時間を100％とした場合

パスタのゆで時間は短くし、
ソースと合わせてからアルデンテに仕上げる

コツ 5

ここが普通と違うcobo流パスタ最大の特徴！ 普通はパスタのゆで上りがアルデンテだけれど、cobo流はまだパスタがかたい段階で湯をきり、ソースと合わせてから長めに煮からめてアルデンテにする。だから、パスタのゆで上りではかたさのチェックは不要。ソースと合わせた最後にチェックする。

コレが決め手！

ソースは煮つめてから、ゆで汁でのばす

ソースはいったん煮つめてうまみを凝縮させてから、ゆで汁をたっぷり加えてのばす。こうすると、パスタと合わせやすくなる。長めに煮からめるので、ゆで汁は普通よりずっと多く使う。

コツ **7**

「あえる」というより「煮からめる」

普通はソースとパスタをさっとあえて仕上げるけれど、cobo流はここで長めに煮からめるのが特徴。中火で煮からめるので、パスタとソースを合わせるとき、もう一度ゆで汁をたっぷり加えて加熱する。パスタをアルデンテにすると同時に、ソースの味も浸透させる。

おいしい秘密、ソースの「乳化」はゴムべらで

コツ

ソースの水分と油分が細かく混じり合うことを「乳化」という。この状態にすると、ソースがパスタによくからんで一体感が生まれ、口あたりもやわらかくなる。プロはフライパンをあおってこの状態にするけれど、あおるのはけっこうむずかしい。そこで、ゴムべらが大活躍！ ゴムべらで混ぜながら同時にフライパンをゆすると、うまく乳化する。この時点で、パスタのかたさをチェックする。

パスタのかたさはこまめにチェックしてね！

cobo流パスタ 基本の流れ

ボンゴレ・ビアンコを例にとって、cobo流パスタの基本的な流れをご紹介します。

パスタ

1 パスタ用の湯を沸かす。たっぷりと2～3ℓくらい。

加熱中

10 パスタの湯に0.6～0.7％の塩を加え、かき混ぜる。

11 パスタを入れる。

ソース

必ず、冷たいフライパンに入れてね！

2 冷たいフライパンに、オリーブオイル、にんにく、赤とうがらしを入れ、手前に傾けて火にかける。

3 火をつける。火加減はできるだけ弱火。

4 にんにくが色づいたら、赤とうがらしを取り除く。

5 あさり、玉ねぎ、タイム、白ワイン、水を加える。

オイルを加えるのは乳化のため。乳化には水分と油分が必要よ

ここで乳化させるのよ

合体

16 ソースのフライパンにパスタを加える。

17 オリーブオイルを加える。大さじ1が目安。様子を見て増やす。

18 あさりを戻す。

19 様子を見て残りのゆで汁（または湯）を加え、フライパンをゆすりながらゴムべらで混ぜてからめる。

※ボンゴレ・ビアンコの詳しいレシピはp.16。

パスタの皿はゲフレ、取り皿はアラビアで、共に1950〜'60年代の北欧のもの。グラタン皿はパイレックス、ボードはオリーブの木のまな板。カトラリーはフランスのビンテージもの、ピッチャー、グラス、パンかごは北欧のもの。

白いパスタ

― アーリオ・オーリオ系 ―

にんにくととうがらしの風味がベースの、
もっともシンプルなパスタ。
じっくりと火を通したにんにくの香ばしさが、
食欲をそそります。野菜、肉、魚介類と、
どんな食材とも合うので、
バリエーションが豊富。

ボンゴレ・ビアンコ
　＋
ギリシャ風サラダ

みんなが大好きなおなじみのボンゴレ。おいしさの秘密は、あさりのエキスが出た
ソースをぎゅっと煮つめて、うまみを凝縮させることです。
ギリシャ風サラダはチーズをくずしながら、野菜と一緒に食べてください。

| PASTA |
ボンゴレ・ビアンコ

材料（2人分）
リングイネ　200g
あさり　20〜30個
A ┌ にんにくのみじん切り　小1かけ分
　├ 赤とうがらし（種を抜く）　1本
　└ オリーブオイル　大さじ2
玉ねぎのみじん切り　小さじ1
タイム（あれば）　1本
B ┌ 白ワイン　¼カップ
　└ 水　¾カップ
塩　適量
パスタのゆで汁
　¼〜½カップ（何度かに分ける）
オリーブオイル　大さじ1
イタリアンパセリのみじん切り　少々

1　**下ごしらえをする**
あさりは砂抜きし、塩をまぶしてこすり、よく洗う。

 2　**ソースを作る**
フライパンにAを入れて弱火にかけ、にんにくがきつね色になるまでじっくり加熱して、赤とうがらしを取り除く。あさり、玉ねぎ、タイム、Bを加えてふたをし、強めの中火にしてあさりの口が開くまで加熱する（写真a）。あさりをいったん取り出し、煮汁が半分くらいになるまで煮つめ（写真b）、火を止める。

 3　**パスタをゆでる**
リングイネを袋の表示時間より4分短めにゆでる（→p.8 コツ4参照）。

 4　**仕上げる**
リングイネがゆで上がる少し前にソースにゆで汁¼カップを加え、再び中火にかけて煮立てる。ゆで上がったリングイネ、オリーブオイルを加え、あさりを戻す。様子を見て残りのゆで汁適量を加え、フライパンをゆすってソースをからめる。リングイネのかたさを見てから、器に盛り、イタリアンパセリをふる。

※あさりの塩分が強い場合は、パスタのゆで汁の代りに湯を使うといい。

 a　 b

| SALAD |
ギリシャ風サラダ

トマト2個、きゅうり2本、黄パプリカ1個（へたと種を除く）は、食べやすい大きさに切る。赤玉ねぎ½個は薄切りにする。以上を器に盛り、黒オリーブ（種抜き）6〜7個を加え、赤ワインビネガー、塩各少々をふる。フェタチーズ（なければカッテージチーズ）50gをのせ、オリーブオイル適量を回しかけ、ドライオレガノ、粗びき黒こしょう各少々をふる。
※赤ワインビネガーの代りに白ワインビネガーでもいい。

ミニトマトのパスタ
　＋
じゃがたこサラダ

ミニトマトは普通のトマトと比べて酸味が弱く、甘みが強いので、パスタにおすすめ。
形を残すため、加熱するときにあまりさわらないのがコツです。
じゃがたこサラダは、りんご酢を使ったマイルドなドレッシングで。

| PASTA |
ミニトマトのパスタ

材料（2人分）
スパゲッティーニ　200g
ミニトマト　15個
A［にんにくのみじん切り　小1かけ分
　　赤とうがらし（種を抜く）　½本
　　オリーブオイル　大さじ2］
塩　適量
パスタのゆで汁
　½〜¾カップ（何度かに分ける）
オリーブオイル　大さじ1
黒こしょう　少々

1　下ごしらえをする
　　ミニトマトはへたを取って半分に切る。

2　ソースを作る
　　フライパンにAを入れて弱火にかけ、にんにくがきつね色になるまでじっくり加熱して、赤とうがらしを取り除く。ミニトマト、塩少々を加えて中火にし、2〜3分加熱して火を止める。このとき、ミニトマトにあまりさわらないこと。

3　パスタをゆでる
　　スパゲッティーニを袋の表示時間より3分短めにゆでる（→p.8 コツ4参照）。

4　仕上げる
　　スパゲッティーニがゆで上がる少し前にソースにゆで汁¼カップを加え、再び中火にかけて煮立てる。ゆで上がったスパゲッティーニ、オリーブオイル、様子を見て残りのゆで汁適量を加え、フライパンをゆすってソースをからめる。スパゲッティーニのかたさを見てから、器に盛り、黒こしょうをふる。

| SALAD |
じゃがたこサラダ

りんご酢、オリーブオイル各大さじ3、玉ねぎのみじん切り小さじ2、塩少々を混ぜ合わせてドレッシングを作る。じゃがいも大1個は皮ごと水からゆで、熱いうちに皮をむいて一口大に切り、塩少々をふる。ゆでだこの足（刺身用）1本とフルーツトマト1〜2個は一口大に切り、じゃがいもとともにドレッシングであえる。器に盛り、黒こしょうをふる。

ブロッコリーとアンチョビーのペンネ
　＋
シトラスサラダ

ブロッコリーはへらでつぶせるくらい、やわらかく煮るのがポイント。
ペンネは平鍋のほうが合わせやすいので、あれば平鍋でソースを作って。
シトラスサラダはさわやかな柑橘類と、ほろ苦いクレソン。

| PASTA |
ブロッコリーとアンチョビーのペンネ

材料（2人分）
ペンネ　140g
ブロッコリー　小1個
アンチョビー　5〜6枚
A ┌ にんにくのみじん切り　小1かけ分
　├ 赤とうがらし（種を抜く）　1本
　└ オリーブオイル　大さじ2
水　1カップ
塩　適量
パスタのゆで汁
　½〜¾カップ（何度かに分ける）
オリーブオイル　大さじ1

1　**下ごしらえをする**
ブロッコリーは小房に分け、大きければさらに2〜3等分に切る。アンチョビーはみじん切りにする。

2　**ソースを作る**
フライパン（あれば平鍋）にAを入れて弱火にかけ、にんにくがきつね色になるまでじっくり加熱して、赤とうがらしを取り除く。ブロッコリーとアンチョビーを加え、中火にして炒める。分量の水を加えて煮立て、ブロッコリーが少しやわらかくなったら、木べらでつぶしながら煮くずし（写真）、火を止める。

3　**パスタをゆでる**
ペンネを袋の表示時間より3分短めにゆでる（→**p.8コツ4参照**）。

4　**仕上げる**
ペンネがゆで上がる少し前にソースにゆで汁¼カップを加え、再び中火にかけて煮立てる。ゆで上がったペンネ、オリーブオイル、様子を見て残りのゆで汁適量を加え、フライパンをゆすってソースをからめる。ペンネのかたさを見てから、器に盛る。好みでパルメザンチーズをふっても。

| SALAD |
シトラスサラダ

オレンジ1個とグレープフルーツ1個は実を袋から取り出し、器に盛り、クレソン適量をのせる。食べるときにオリーブオイルをたっぷり回しかけ、塩（またはハーブソルト〈→p.32〉）、こしょう、シナモンパウダー各少々をふる。
※フルーツの酸味が強いようなら、好みではちみつをかけてもいい。

いかといかわたのパスタ
＋
トマトのブルスケッタ

いかげそのプチプチした食感と、いかわたのうまみがたまらないパスタです。
ブルスケッタのバゲットは、焼いた後そのままオーブントースターに放置すると、
驚くほどカリカリに。ブルスケッタが何倍もおいしくなるので、ぜひお試しを！

| PASTA |
いかといかわたのパスタ

材料（2人分）
スパゲッティ　200g
いか（するめいか、やりいかなど）　1ぱい
A ┌ にんにくのみじん切り　小1かけ分
　├ 赤とうがらし（種を抜く）　1本
　└ オリーブオイル　大さじ2
白ワイン　大さじ2
塩　適量
パスタのゆで汁
　½〜¾カップ（何度かに分ける）
オリーブオイル　大さじ1
レモン　適量

1　**下ごしらえをする**
　いかは下処理し、胴、足、わたに分ける。胴は1cm幅の細切りにし、足は細かく刻む。

 2　**ソースを作る**
　フライパンにAを入れて弱火にかけ、にんにくがきつね色になるまでじっくり加熱する。いかの足、いかのわたを加えてさっと炒め、白ワインを加えてひと煮立ちさせる。赤とうがらしを取り除いて、火を止める。

 3　**パスタをゆでる**
　スパゲッティを袋の表示時間より4分短めにゆでる
　（→p.8コツ4参照）。

 4　**仕上げる**
　スパゲッティがゆで上がる少し前にソースにゆで汁¼カップを加え、再び中火にかけて煮立てる。ゆで上がったスパゲッティ、いかの胴を加え、オリーブオイル、様子を見て残りのゆで汁適量を加え、フライパンをゆすってソースをからめる。スパゲッティのかたさを見てから、器に盛り、食べるときにくし形に切ったレモンをしぼる。

| SIDE DISH |

トマトのブルスケッタ

トマトのマリネを作る。ボウルにさいの目に切ったトマト2個分、にんにくのみじん切りごく少々、塩少々、バルサミコ酢小さじ½、オリーブオイル大さじ1½、ちぎったバジル少々を入れて混ぜ、冷蔵庫に入れておく。バゲットは1cm厚さに7～8枚切り、オーブントースターでこんがりと焼く。焼き上がったらそのまま庫内において冷まし、パリッとさせる。バゲットににんにくの断面をこすりつけ、トマトのマリネをのせる。

フレッシュトマトと甘えびのパスタ
　＋
葉っぱと黒ごまのサラダ

トマト入りのアーリオ・オーリオに、ねっとりした食感のフレッシュな甘えび。
新しい味わいのパスタは、ワインにもぴったりです。
サラダは黒ごまをたっぷり加え、チーズの塩気で葉っぱをいただきます。

| PASTA |

フレッシュトマトと甘えびのパスタ

材料（2人分）
スパゲッティーニ　200g
トマト　1個
甘えび（正味）　100g
A ┌ にんにくのみじん切り　小1かけ分
　├ 赤とうがらし（種を抜く）　½本
　└ オリーブオイル　大さじ2
塩　適量
パスタのゆで汁
　　½〜¾カップ（何度かに分ける）
オリーブオイル　大さじ1

1　**下ごしらえをする**
トマトはへたを取って、ざく切りにする。

 2　**ソースを作る**
フライパンにAを入れて弱火にかけ、にんにくがきつね色になるまでじっくり加熱する。赤とうがらしを取り除き、火を止める。

 3　**パスタをゆでる**
スパゲッティーニを袋の表示時間より3分短めにゆでる（→p.8コツ4参照）。

 4　**仕上げる**
スパゲッティーニがゆで上がる少し前にソースにゆで汁¼カップを加え、再び中火にかけて煮立てる。ゆで上がったスパゲッティーニ、トマト、塩少々、オリーブオイル、様子を見て残りのゆで汁適量を加え、フライパンをゆすってソースをからめる。スパゲッティーニのかたさを見てから、器に盛り、甘えびをのせる。

| SALAD |

葉っぱと黒ごまのサラダ

グリーンカール、サニーレタスなど、好みの葉野菜適量をちぎって器に盛り、オリーブオイル適量を回しかけ、塩ごく少々、黒すりごま、パルメザンチーズ各大さじ1〜2を加えてさっとあえる。あれば、パルメザンチーズを薄くスライスしたものをのせる。

ハーブ・ペペロンチーノ
　＋
カリフラワー、じゃがいも、ベーコンのグラタン

作り方は p.28

ズッキーニと生ハムのパスタ
　＋
いちごとトマトのミントサラダ

ハーブ・ペペロンチーノ
　　　＋
カリフラワー、じゃがいも、ベーコンのグラタン

シンプルにハーブを混ぜただけのパスタですが、レストランにはないメニューです。
私はミント、夫はバジルいっぱいが好み。ハーブの種類や量はご自由に。
グラタンはじゃがいものでんぷんを利用するので、水にさらさないのがポイント。

| PASTA |
ハーブ・ペペロンチーノ

材料（2人分）
スパゲッティーニ　200g
ミント、バジル　各ひとつかみ
イタリアンパセリ　3本
A ┌ にんにくのみじん切り　小1かけ分
　├ 赤とうがらし（種を抜く）　1本
　└ オリーブオイル　大さじ2
塩　適量
パスタのゆで汁
　½〜¾カップ（何度かに分ける）
オリーブオイル　大さじ1

1　**下ごしらえをする**
　ハーブ類はたっぷりと用意し（写真）、適当な大きさにちぎる。

2　**ソースを作る**
　フライパンにAを入れて弱火にかけ、にんにくがきつね色になるまでじっくり加熱する。赤とうがらしを取り除き、火を止める。

3　**パスタをゆでる**
　スパゲッティーニを袋の表示時間より3分短めにゆでる（→p.8コツ4参照）。

4　**仕上げる**
　スパゲッティーニがゆで上がる少し前にソースにゆで汁¼カップを加え、再び中火にかけて煮立てる。ゆで上がったスパゲッティーニ、オリーブオイル、様子を見て残りのゆで汁適量を加え、フライパンをゆすってソースをからめる。スパゲッティーニのかたさを見てから、器に盛り、ハーブをのせる。

| SIDE DISH |
カリフラワー、じゃがいも、ベーコンのグラタン

カリフラワー正味約200gは小房に分け、さっとゆでる。じゃがいも大1個は皮をむき、7〜8mm厚の輪切りにする（水にはさらさない）。鍋にバター10gとにんにくのみじん切り少々を入れて弱火にかけ、薄く色づくまで炒める。玉ねぎの薄切り⅛個分、ベーコンの粗みじん切り50gを加えて炒め、白ワイン大さじ2を入れてアルコール分をとばす。じゃがいも、生クリーム1カップ、牛乳½カップを加えて少しとろみがつくまで煮つめ、カリフラワーを加えて混ぜ、ナツメッグ、塩各少々で味を調える。耐熱皿に入れ、パルメザンチーズ適量をふり、200℃のオーブンで15〜20分、焼き色がつくまで焼く。

ズッキーニと生ハムのパスタ
　＋
いちごとトマトのミントサラダ

ズッキーニはフレッシュな食感を残すため、最後に加えてあえるのがコツ。
塩気のある生ハムとは、抜群の相性のよさです。
いちごとトマトの甘酸っぱいサラダは、ミントの香りがさわやか。

❙ PASTA ❙
ズッキーニと生ハムのパスタ

材料（2人分）
スパゲッティーニ　200g
ズッキーニ　½本
生ハム　5〜6枚
A ┌ にんにくのみじん切り　小1かけ分
　├ 赤とうがらし（種を抜く）　1本
　└ オリーブオイル　大さじ2
塩　適量
パスタのゆで汁
　½〜¾カップ（何度かに分ける）
オリーブオイル　大さじ1
黒こしょう　適量

1　**下ごしらえをする**
　ズッキーニはマッチ棒くらいの細切りにし、生ハムは一口大に切る。

2　**ソースを作る**
　フライパンにAを入れて弱火にかけ、にんにくがきつね色になるまでじっくり加熱する。赤とうがらしを取り除き、火を止める。

3　**パスタをゆでる**
　スパゲッティーニを袋の表示時間より3分短めにゆでる（→p.8コツ4参照）。

4　**仕上げる**
　スパゲッティーニがゆで上がる少し前にソースにゆで汁¼カップを加え、再び中火にかけて煮立てる。ゆで上がったスパゲッティーニ、ズッキーニ、オリーブオイル、様子を見て残りのゆで汁適量を加え、フライパンをゆすってソースをからめる。スパゲッティーニのかたさを見てから、器に盛り、生ハムをのせて、黒こしょうをふる。

❙ SALAD ❙
いちごとトマトのミントサラダ

ドレッシングを作る。ボウルに赤ワインビネガー1：はちみつ1.5：オリーブオイル1の割合で入れ、塩、こしょう各少々で味を調える。いちご½パックはへたを取って半分に切り、トマト小2個は4〜6等分に切って、ドレッシングとあえる。器に盛り、ミントの葉適量を散らす。

カッチョ・エ・ペペ
＋
アスパラガスのポーチトエッグのせ

カッチョはチーズ、ペペはこしょうという意味。ローマの店ではゆで上げたパスタに、ペコリーノを山盛りかけていました。これは私が好きなアーリオ・オーリオのアレンジで。アスパラガスのサラダは、とろりと溶け出した卵黄をからめていただきます。

| SALAD |
アスパラガスのポーチトエッグのせ

グリーンアスパラガス6本は根元のかたい部分を切り落とし、下から¼くらいの皮をむく。そのままの長さが入るフライパンに湯を沸かして塩少々を入れ、1分強ゆでる。湯をきり、バター10gを加えて全体にからめる。
ポーチトエッグを作る。小鍋に湯を沸かし、酢小さじ1を加える。冷蔵庫から出したての卵を、小さいボウルに割り入れておく。小鍋の湯に菜箸などで渦を作り、卵を静かに流し入れる。白身が固まったらすくって、水気をふく。
アスパラガスを器に盛ってポーチトエッグをのせ、パルメザンチーズ適量、塩、黒こしょう、砕いたピンクペッパー、あればカイエンペッパー各少々をふる。

| PASTA |
カッチョ・エ・ペペ

材料（2人分）
スパゲッティ　200g
A ┌ にんにくのみじん切り　小1かけ分
　├ 赤とうがらし（種を抜く）　1本
　└ オリーブオイル　大さじ2
塩　適量
パスタのゆで汁
　½〜¾カップ（何度かに分ける）
オリーブオイル　大さじ1
パルメザンチーズ　適量
粗びき黒こしょう　適量

 1　**ソースを作る**
フライパンにAを入れて弱火にかけ、にんにくがきつね色になるまでじっくり加熱する。赤とうがらしを取り除き、火を止める。

 2　**パスタをゆでる**
スパゲッティを袋の表示時間より4分短めにゆでる（→p.8コツ4参照）。

 3　**仕上げる**
スパゲッティがゆで上がる少し前にソースにゆで汁¼カップを加え、再び中火にかけて煮立てる。ゆで上がったスパゲッティ、オリーブオイル、様子を見て残りのゆで汁適量を加え、フライパンをゆすってソースをからめる。スパゲッティのかたさを見てから、器に盛り、パルメザンチーズと粗びき黒こしょうをふる。

食材選びが味の決め手

パスタはシンプルな料理なので、食材はおいしいものを選んでください。
特に、オリーブオイルと塩はいいものを！

Pasta パスタ

この本では4種類のパスタを使っています。ロングパスタはおなじみのスパゲッティのほか、少し細いスパゲッティーニ、少し太くて断面が楕円のリングイネ。ショートパスタは応用範囲の広いペンネです。パスタはメーカーによって同じ種類でも太さが違うことがあるので、この本では手に入りやすい「ディ・チェコ」を使って、ゆで時間などを出しています。

 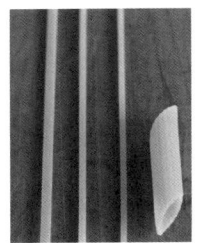

Sale 塩

塩は2種類を使い分けています。イギリスの「マルドン」のシーソルト（写真左）は、フレーク状の粒子が大きい塩。まろやかなうまみとすっきりした後味で、サクサクした食感。料理の仕上げにふります。シチリアの塩「モティア」（写真右）は、粗塩くらいの粒子。パスタをゆでるときに使ったり、料理全般の塩として幅広く使います。

 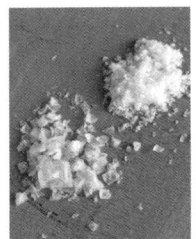

Pomodoro トマト

トマトの水煮缶は「カンポ・グランデ」の2.5kg入りを使っています。大きな缶なので、開けると保存袋に小分けにして、使わない分は冷凍保存に。1週間くらいなら、冷蔵庫でも保存可能。インターネットで買うことができますが、手に入らない場合は「スピガドーロ」の400g入りなどを使ってください。この本のレシピでは、このサイズを基準にしています。

Formaggio チーズ

写真はこの本で使ったチーズで、右上より時計回りに、ギリシャのフェタチーズ、パルミジャーノ・レッジャーノ、水牛のモッツァレッラチーズ、デンマークのブルーチーズ「ダナブルー」。レシピで「パルメザンチーズ」となっているのは、このパルミジャーノ・レッジャーノをおろしたもの（一部スライスも）。ブルーチーズは私の好物なので、この本では何度か出てきますが、この「ダナブルー」と、ほかにフランスのロックフォールを使いました。「ダナブルー」はとてもマイルドでクリーミーなので、ブルーチーズが苦手という人にもおすすめです。

ハーブソルトを作ろう！

フレーク状の「マルドン」の塩に、好みのハーブやスパイスを混ぜて、ハーブソルトを作っておくと便利です。ハーブはタイムやオレガノなど何でもいいので、好みのものを。セロリの葉やレモンの皮などとともに、乾燥させて使います。バットなどに広げて自然に干してもいいし、180℃くらいのオーブンで乾燥させても。ピンクペッパーを入れると色も香りもよくなります。料理の仕上げにかけたり、ドレッシングに入れたりと、応用範囲はとても広い。

Olio　オリーブオイル

オリーブオイルは加熱用も仕上げ用も、エクストラバージンオリーブオイルを使用しています。愛用のものは3種類ですが、2種類でも充分。リグーリア州のアルドイノ社「フルクトゥス」（写真左）は食材を炒めるときなど、加熱用に。シチリアのバルベラ社「フラントイア」（写真中）はオールマイティに使えるオイル。料理の仕上げにかけたり、ドレッシングなどに生のまま使います。同じくシチリアの「カステル・ディ・レゴ・オーロ」（写真右）は青っぽい香りとスパイシーな風味が特徴。仕上げにかけて、風味づけしたいときに使います。一般的には、左の2本があればOKです。

皿はすべてフランスのビンテージもの、カトラリーも同様。ワイングラスは東京の合羽橋で買ったもの。
チェックのテーブルクロスは、夫がハワイで買ってきてくれた。

赤いパスタ

― トマトソース系 ―

ホールトマトの缶詰を使ったパスタと、
生のトマトを使ったパスタ。
缶詰のトマトを使ったソースは、
煮つめるとうまみが凝縮されて、コクのある味に。
生のトマトのソースはさらっとした食感で、
フレッシュな味や香りが楽しめます。

アマトリチャーナ
　＋
ハーブのフリッタータ

アマトリチャーナは、トマト缶の煮込み方がおいしさのポイント。
一度煮つめてうまみをぎゅっと凝縮し、その後のばしてパスタとあえます。
フリッタータはイタリアの簡単卵焼き。好みのハーブを絵を描くようにのせて。

| PASTA |
アマトリチャーナ

材料（2人分）
スパゲッティ　200g
ベーコン（ブロック）　80g
玉ねぎ　½個
トマト（水煮缶詰。ホール）　½缶（200g）
A ┌ にんにく（つぶす）　½かけ
　├ 赤とうがらし（種を抜く）　½本
　└ オリーブオイル　大さじ2
塩　適量
パスタのゆで汁
　½〜¾カップ（何度かに分ける）
オリーブオイル　大さじ1
パルメザンチーズ、黒こしょう　各適量
パセリのみじん切り　適量

1　**下ごしらえをする**
ベーコンは7〜8mm角の拍子木に切り、玉ねぎは薄切りにする。

2　**ソースを作る**
フライパンにAを入れて弱火にかけ、ベーコンを加えてじっくりと加熱する。にんにくが香ばしくなってきたら、玉ねぎを加えてさっと炒め、トマトと塩少々を加える。強めの中火にして煮立て、トマトをへらでつぶしながら約⅓量になるまで煮つめ（写真）、火を止める。

3　**パスタをゆでる**
スパゲッティを袋の表示時間より4分短めにゆでる（→p.8コツ4参照）。

4　**仕上げる**
スパゲッティがゆで上がる少し前にソースにゆで汁¼カップを加え、再び中火にかけて煮立てる。ゆで上がったスパゲッティ、オリーブオイル、様子を見て残りのゆで汁適量を加え、フライパンをゆすってソースをからめる。スパゲッティのかたさを見てから、器に盛り、パルメザンチーズ、黒こしょう、パセリをふる。

| SIDE DISH |
ハーブのフリッタータ

バジル、イタリアンパセリ、タイム、オレガノ、コリアンダーなど、好みのハーブを2〜3種類各適量用意し、一部を飾り用に残し、ざっと刻む。ボウルに卵2個、塩ひとつまみ、パルメザンチーズ、牛乳各大さじ1、刻んだハーブを入れ、よく混ぜ合わせる。強火で熱したフライパンにバター5g、オリーブオイル小さじ1を入れ、卵液を流し入れる。縁が立ち上がったら弱火にし、飾り用のハーブをのせ、卵全体に火を通す。器に盛り、パルメザンチーズ、砕いたピンクペッパーをふる。
※春には菜の花で作ると、とてもかわいい仕上がりになる。

ズッキーニのフレッシュトマトソースパスタ
　＋
緑の豆の焦がしバターソテー

生のトマトを使ったフレッシュなソースは、さわやかな酸味が感じられます。
トマトの種類は何でもよく、好みの味のトマトを選んでください。
緑の豆のソテーは歯ざわりよく仕上げるため、下ゆでなしでじか炒めにします。

| PASTA |

ズッキーニのフレッシュトマトソースパスタ

材料（2人分）
リングイネ　200g
トマト　大2個
ズッキーニ　小1本
A
- にんにくのみじん切り　小1かけ分
- 赤とうがらし（種を抜く）　1本
- オリーブオイル　大さじ2

塩　適量
パスタのゆで汁
　½〜¾カップ（何度かに分ける）
オリーブオイル　大さじ1

1　下ごしらえをする
トマトはへたを取って湯むきし、ざく切りにする。ズッキーニは1cm角に切る。

2　ソースを作る
フライパンにAを入れて弱火にかけ、にんにくがきつね色になるまでじっくり加熱する。トマト、塩ふたつまみを加え、中火にして煮立てる。へらでトマトをくずしながら半量になるまで煮つめ（写真a、b）、ズッキーニを加えてさらに⅓量になるまで煮つめ、火を止める。

3　パスタをゆでる
リングイネを袋の表示時間より4分短めにゆでる（→p.8 コツ4参照）。

4　仕上げる
リングイネがゆで上がる少し前にソースにゆで汁¼カップを加え、再び中火にかけて煮立てる。ゆで上がったリングイネ、オリーブオイル、様子を見て残りのゆで汁適量を加え、フライパンをゆすってソースをからめる。リングイネのかたさを見てから、器に盛る。

a　b

| SIDE DISH |

緑の豆の焦がしバターソテー

さやいんげん6本、スナップえんどう16本、モロッコいんげん6本はそれぞれ筋を取り、さやいんげんは2〜3等分に切り、モロッコいんげんは斜め切りにする。フライパンにオリーブオイル大さじ1を熱し、3種類の豆と塩ひとつまみを入れて炒める。ほぼ火が通ったらバター15gを加え、バターを香ばしく焦がしてからめる。器に盛り、パルメザンチーズ、黒こしょう各少々をふり、あればパルメザンチーズのスライスをのせる。

赤ワインミートソースパスタ
＋
なすのグリル ヨーグルトソース

コクのある濃厚な味わいは、皿に残ったソースもパンでふきたいくらい（笑）。
ひき肉をかたまりのまま焼きつけて、細かくほぐさないのがコツ。
なすのグリルはオーブントースターを使って作れる簡単なメニューです。

| PASTA |

赤ワインミートソースパスタ

材料（2人分）
スパゲッティ　200g
［赤ワインミートソース］
　（作りやすい分量。4人分）
├ 牛ひき肉　400g
│ にんじん（太いところ）　6cm
│ マッシュルーム　5〜6個
│ セロリ　小1本
│ 玉ねぎ　1/3個
│ にんにく（つぶす）　1かけ
│ オリーブオイル　大さじ3
│ トマトペースト　大さじ2
│ トマト（水煮缶詰。ホール）　1缶（400g）
│ ローリエ　1枚
│ バター　40g
│ 赤ワイン　1½カップ
└ 塩、こしょう　各適量
塩　適量
パスタのゆで汁
　½〜¾カップ（何度かに分ける）
バター　10g
パルメザンチーズ、黒こしょう　各適量
パセリのみじん切り　少々

※残りの赤ワインミートソースは、冷蔵庫で3日ほど、冷凍でも保存可。一晩おくと、さらにおいしくなる。

1　下ごしらえをする
にんじんは皮をむき、マッシュルームは石づきを取り、セロリ、玉ねぎとともにすべてみじん切りにする。

2　ソースを作る
煮込み鍋ににんにくとオリーブオイルを入れて弱火にかけ、にんにくがきつね色になったら取り出す。1の野菜をすべて入れて中火にし、塩少々をふって水分をとばしながら炒める。トマトペーストを加えて炒め、トマト、ローリエを加え、トマトをへらでつぶしながら半量になるまで煮込む。
その間にフライパンにバターをとかし、牛ひき肉を入れて平たく広げ、さわらずに香ばしく焼きつける（→p.43写真a、b参照）。水分と脂が出てきたら、ペーパータオルで吸い取る。しっかり焼き色がついたら返してもう片面も焼き、へらでおおまかにほぐす。塩、こしょうをふり、赤ワインを加えて煮立て、へらで鍋底のうまみをこそげ取る。
フライパンの中身を煮込み鍋に加え、塩少々をふり、弱めの中火で30分〜1時間、水分がほぼなくなるまで煮込み、火を止める。

3　パスタをゆでる
スパゲッティを袋の表示時間より4分短めにゆでる（→p.8コツ4参照）。

4　仕上げる
スパゲッティがゆで上がる少し前に、ソースの半量（2人分）をフライパンに移し、ゆで汁¼カップを加え、中火にかけて煮立てる。ゆで上がったスパゲッティ、バター、パルメザンチーズ大さじ2、様子を見て残りのゆで汁適量を加え、フライパンをゆすってソースをからめる。スパゲッティのかたさを見てから、器に盛り、パルメザンチーズ、黒こしょう、パセリをふる。

| SIDE DISH |

なすのグリル ヨーグルトソース

なす2個はへたをつけたまま、縦半分に切る。バットなどにオーブンシートを敷き、なすの断面を上にして並べる。オリーブオイル適量を回しかけ、塩少々をふり、オーブントースターに入れて15〜20分焼いて火を通す。ボウルにプレーンヨーグルト大さじ3、オリーブオイル大さじ1、塩ひとつまみを入れて混ぜ、ソースを作る。器になすを盛り、ソースをかけ、レモンの皮のすりおろしをふり、砕いたピンクペッパーを散らす。あれば、イタリアンパセリを飾る。食べるときにハーブソルト（→p.32）をふっても。

白ワインミートソースパスタ
　＋
すいかとブルーチーズのサラダ

赤ワインミートソースがトマト缶を使って煮込む田舎風だとすると、
こちらは生のトマトを使い、煮込まないで作れる軽いミートソースです。
サラダのすいかとブルーチーズの組合せは絶妙！

| PASTA |
白ワインミートソースパスタ

材料（2人分）
スパゲッティ　200g
[白ワインミートソース]
　（作りやすい分量。4人分）
┌合いびき肉　400g
│にんじん（太いところ）　6cm
│セロリ　小1本
│玉ねぎ　1個
│トマト　2個
│にんにく（つぶす）　1かけ
│オリーブオイル　大さじ5
│白ワイン　½カップ
│ケイパー　小さじ4
└塩、こしょう　各適量
塩　適量
パスタのゆで汁
　½〜¾カップ（何度かに分ける）
オリーブオイル　大さじ1
イタリアンパセリの粗みじん切り　少々

1　**下ごしらえをする**
にんじんは皮をむき、セロリ、玉ねぎとともにすべてみじん切りにする。トマトはへたを取り、さいの目に切る。

2　**ソースを作る**
煮込み鍋ににんにくとオリーブオイル大さじ3を入れて弱火にかけ、にんにくがきつね色になったら取り出す。にんじん、セロリ、玉ねぎを入れて中火にし、塩少々をふって水分をとばしながら炒め、いったん火を止める。
フライパンにオリーブオイル大さじ2を熱し、合いびき肉を入れて平たく広げ、さわらずに香ばしく焼きつける。水分と脂が出てきたら、ペーパータオルで吸い取る（写真a）。しっかり焼き色がついたら返してもう片面も焼き、へらでおおまかにほぐす（写真b）。塩、こしょうをふり、白ワインを加えて煮立て、へらで鍋底のうまみをこそげ取る。
フライパンの中身をすべて煮込み鍋に加え、トマトとケイパーを加え、ふたをして10分ほど煮る。ふたをはずしてさらに5分ほど煮て、塩、こしょうで味を調え、火を止める。

3　**パスタをゆでる**
スパゲッティを袋の表示時間より4分短めにゆでる（→p.8コツ4参照）。

4　**仕上げる**
スパゲッティがゆで上がる少し前に、ソースの半量（2人分）をフライパンに移し、ゆで汁¼カップを加え、中火にかけて煮立てる。ゆで上がったスパゲッティ、オリーブオイル、様子を見て残りのゆで汁適量を加え、フライパンをゆすってソースをからめる。スパゲッティのかたさを見てから、器に盛り、イタリアンパセリをふる。

※残りの白ワインミートソースは、冷蔵庫で3日ほど、冷凍でも保存可。

a　b

| SALAD |
すいかとブルーチーズのサラダ

すいか適量は一口大に切って種を除き、食べる直前まで冷やしておく。ブルーチーズ（→p.32、種類は好みで）少々は小さく切り、常温に戻しておく。器に冷たいすいかを盛り、ブルーチーズを散らし、オリーブオイル適量を回しかける。塩、黒こしょうをふる。

なすとベーコンのパスタ
＋
かじきとブロッコリーのマスタード風味

なすをくたくたに煮て、ソースをしみ込ませるのがおいしく作るコツ。
トマトソースにバルサミコ酢を加えて、ちょっとキリッとした味にします。
パスタのなすがやわらかいので、サラダのほうは歯ごたえのある大きさで。

| SALAD |
かじきとブロッコリーのマスタード風味

ブロッコリー小1個は小房に分けてゆでる。かじきまぐろ（切り身）大1枚は一口大に切り、軽く塩、こしょうをふって、バター10gでソテーする。ボウルに粒マスタード、しょうゆ、酢各小さじ1、オリーブオイル大さじ1を混ぜ合わせ、ブロッコリーとかじきを加えてあえる。

| PASTA |

なすとベーコンのパスタ

材料（2人分）
スパゲッティ　200ｇ
なす　2個
ベーコン（薄切り）　2〜3枚
A ┌ にんにく（つぶす）　1かけ
　 └ オリーブオイル　大さじ2
B ┌ トマト（水煮缶詰。ホール）　½缶（200ｇ）
　 │ オリーブオイル　大さじ1
　 └ 塩　少々
塩、こしょう　各適量
バルサミコ酢　小さじ1
パスタのゆで汁
　½〜¾カップ（何度かに分ける）
オリーブオイル　大さじ1
黒こしょう　適量

1　**下ごしらえをする**
なすはへたを取って薄い輪切りにし、ベーコンは1cm幅に切る。

2　**ソースを作る**
フライパンにAを入れて弱火にかけ、にんにくがきつね色になったら取り出す。ベーコンを加えてじっくりと炒め、なす、塩少々を加える。強めの中火にし、なすに焼き色がつくまで炒める。Bを加えて煮立て、トマトをへらでつぶしながら⅓量になるまで煮つめる。バルサミコ酢を加えて1〜2分煮て、塩、こしょうで味を調え、火を止める。

3　**パスタをゆでる**
スパゲッティを袋の表示時間より4分短めにゆでる（→p.8コツ4参照）。

4　**仕上げる**
スパゲッティがゆで上がる少し前にソースにゆで汁¼カップを加え、中火にかけて煮立てる。ゆで上がったスパゲッティ、オリーブオイル、様子を見て残りのゆで汁適量を加え、フライパンをゆすってソースをからめる。スパゲッティのかたさを見てから、器に盛り、黒こしょうをふる。

ミニミニミートボールパスタ
　＋
紫キャベツと柿のブルーチーズサラダ

ひき肉のうまみとバターのコクで仕上げる、ボリューム満点のパスタ。
セージはバターと相性がいいので、手に入れば使ってみてください。
サラダはブルーチーズの塩気と柿の甘みのコントラストが楽しい。

| PASTA |
ミニミニミートボールパスタ

材料（2人分）
スパゲッティ　200g
合いびき肉　100g
A ┌ ローズマリーのみじん切り　少々
　├ ドライオレガノ　小さじ½
　├ セージのみじん切り（あれば）　5枚分
　├ 塩　小さじ¼
　└ こしょう　少々
トマト　¼個
B ┌ にんにく（つぶす）　1かけ
　├ ローズマリー　1本
　├ オリーブオイル　大さじ1
　└ バター　10g
白ワイン　大さじ2
バター　10g
塩　適量
パスタのゆで汁
　½〜¾カップ（何度かに分ける）
オリーブオイル　大さじ1
パルメザンチーズ　適量
黒こしょう　適量

1　**下ごしらえをする**
ボウルに合いびき肉とAを入れ、よく混ぜ合わせる。トマトはへたを取って、さいの目に切る。

2　**ソースを作る**
フライパンにBを入れて弱火にかけ、にんにくがきつね色になるまで加熱する。1のミートボールのたねを、親指大くらいにちぎりながらフライパンに入れ（写真）、あまりさわらずに両面を焼きつける。白ワインを加えて煮立て、へらで鍋底のうまみをこそげ取る。トマト、バター、塩ひとつまみを加え、軽く煮て水分をとばし、火を止める。

3　**パスタをゆでる**
スパゲッティを袋の表示時間より4分短めにゆでる（→p.8コツ4参照）。

4　**仕上げる**
スパゲッティがゆで上がる少し前にソースにゆで汁¼カップを加え、中火にかけて煮立てる。ゆで上がったスパゲッティ、オリーブオイル、様子を見て残りのゆで汁適量を加え、フライパンをゆすってソースをからめる。スパゲッティのかたさを見てから、パルメザンチーズ大さじ2を混ぜ、器に盛る。パルメザンチーズ、黒こしょうをふる。

| SALAD |
紫キャベツと柿のブルーチーズサラダ

紫キャベツ⅙個はせん切りにし、塩少々をふってしばらくおく。柿½個は皮をむいてさいの目に切り、カシューナッツ8個はからいりする。ドレッシングを作る。ボウルに刻んだブルーチーズ（→p.32、種類は好みで）50g、オリーブオイル大さじ2強、赤ワインビネガー小さじ2、こしょう少々を入れ、よく混ぜ合わせる。紫キャベツの水分をふいて別のボウルに入れ、柿、ドレッシング大さじ2〜3を加えてあえる。器に盛り、カシューナッツを散らす。

※残ったドレッシング（約大さじ3）は、冷蔵庫で1週間保存可。サラダや牛肉のソテーなどに。ビネガーは白ワインビネガーでもいい。

バジルとモッツァレッラのトマトソースパスタ
＋
赤かぶのパリパリサラダ

トマトの甘みと酸味に、モッツァレッラチーズのコクとバジルの香り。
さらっとしたソースですが、素材それぞれの風味が生きています。
赤かぶのサラダは超簡単。ハーブソルト（→p.32）を作っておけば、いろいろ楽しめます。

| PASTA |

バジルとモッツァレッラのトマトソースパスタ

材料（2人分）
スパゲッティーニ　200g
玉ねぎ　⅛個
バジルの葉　6〜7枚
モッツァレッラチーズ　60g
A ┌ にんにく（つぶす）　小½かけ
　└ オリーブオイル　大さじ1
トマト（水煮缶詰。ホール）　½缶（200g）
塩　適量
オリーブオイル　大さじ2
パスタのゆで汁
　¼〜½カップ（何度かに分ける）

1　**下ごしらえをする**
玉ねぎはみじん切りにし、バジルの葉はちぎり、モッツァレッラチーズは1.5cm角に切る。

2　**ソースを作る**
フライパンにAを入れて弱火にかけ、にんにくがきつね色になるまで加熱して取り出す。玉ねぎを加えて炒め、トマト、塩少々、オリーブオイル大さじ1を加えて中火にする。へらでトマトをつぶしながら、⅓量になるまで煮つめ、火を止める。

3　**パスタをゆでる**
スパゲッティーニを袋の表示時間より3分短めにゆでる（→p.8コツ4参照）。

4　**仕上げる**
スパゲッティーニがゆで上がる少し前にソースにゆで汁¼カップを加え、再び中火にかけて煮立てる。ゆで上がったスパゲッティーニ、オリーブオイル大さじ1、様子を見て残りのゆで汁適量を加え、フライパンをゆすってソースをからめる。スパゲッティーニのかたさを見てから、最後にモッツァレッラチーズとバジルを加えてあえ、器に盛る。

| SALAD |

赤かぶのパリパリサラダ

赤かぶ2個は6等分に切り、好みの塩（あれば、ハーブソルト〈→p.32〉）をふっていただく。好みでオリーブオイルを回しかけたり、レモン少々をしぼってもおいしい。

ツナとしめじのペンネ
　＋
焼き野菜のアンチョビーソース

煮つめたトマト、ツナ、しめじのうまみが渾然一体となったおいしさです。
冷蔵庫にあるものや保存食品で作れるので、買い物に行けない日にも。
焼き野菜のアンチョビーソースは、バーニャカウダを簡単にしたもの。

| PASTA |

ツナとしめじのペンネ

材料（2人分）
ペンネ　160g
しめじ　1パック
玉ねぎ　¼個
黒オリーブ（種抜き）　5個
A ┌ にんにく（つぶす）　1かけ
　├ 赤とうがらし（種を抜く）　1本
　└ オリーブオイル　大さじ2
ツナ　小1缶（80g）
トマト（水煮缶詰。ホール）　½缶（200g）
塩、こしょう　各適量
パスタのゆで汁
　½～1カップ（何度かに分ける）
オリーブオイル　大さじ2
パセリのみじん切り　少々
粗びき黒こしょう　少々

1　下ごしらえをする
しめじは石づきを取り、長ければ半分に切ってほぐす。玉ねぎは薄切りにし、黒オリーブは輪切りにする。

2　ソースを作る
フライパン（あれば平鍋）にAを入れて弱火にかけ、にんにくがきつね色になったら、にんにくと赤とうがらしを取り出す。中火にしてしめじを入れ、そのまま さわらずに焼きつけ、玉ねぎを加えて炒め、塩少々、こしょうをふる。ツナの缶汁をきって加え、トマト、オリーブオイル大さじ1、黒オリーブを加え、へらでトマトをつぶしながらケチャップ状になるまで煮つめ（写真）、火を止める。

3　パスタをゆでる
ペンネを袋の表示時間より3分短めにゆでる（→p.8コツ4参照）。

4　仕上げる
ペンネがゆで上がる少し前にソースにゆで汁¼カップを加え、再び中火にかけて煮立てる。ゆで上がったペンネ、オリーブオイル大さじ1、様子を見て残りのゆで汁適量を加え、フライパンをゆすってソースをからめる。ペンネのかたさを見てから、器に盛り、粗びき黒こしょう、パセリをふる。

| SIDE DISH |

焼き野菜のアンチョビーソース

蓮根、にんじん、ブロッコリー、さやいんげん、黄パプリカなど、好みの野菜各適量は下処理をし、火が通りやすいよう適当な大きさに切る。フライパンにオリーブオイル大さじ2を熱し、野菜を入れて軽く塩、こしょうをふり、弱めの中火で5～6分、両面を焼いて器に盛る。別の小さなフライパンにオリーブオイル大さじ3、にんにくのみじん切り½かけ分、アンチョビー2枚を入れ、弱火にかけてじっくり加熱する。にんにくの香りが立って、アンチョビーが溶けたら、焼き野菜に回しかける。

ナポリタン
　＋
グリーンピースと半熟卵のサラダ

昔懐かしい人気のナポリタンは、やっぱりケチャップと緑のピーマンが必須。
ピーマンは歯ざわりを残すため、最後に加えて香りよく仕上げます。
グリーンピースと半熟卵のサラダは、卵をつぶして黄身をからめながらどうぞ。

| PASTA |

ナポリタン

材料（2人分）
スパゲッティ　200g
ウィンナーソーセージ　3本
玉ねぎ　½個
ピーマン　2個
マッシュルーム　4個
オリーブオイル　大さじ3
白ワイン　大さじ2
トマト（水煮缶詰。ホール）　1個（約50g）
塩　適量
パスタのゆで汁
　　½〜¾カップ（何度かに分ける）
トマトケチャップ　大さじ4

1　**下ごしらえをする**
ウィンナーソーセージは1.5cm幅に切る。玉ねぎは薄切りにし、ピーマンはへたと種を取って薄い輪切りにする。マッシュルームは石づきを取り、薄切りにする。

2　**ソースを作る**
フライパンにオリーブオイル大さじ2を熱し、玉ねぎ、ウィンナーソーセージ、マッシュルームの順に入れてよく炒める。白ワインを加えてアルコール分をとばし、トマト、塩ひとつまみを加え、へらでトマトをつぶしながら煮つめる。水分がほとんどなくなったら、火を止める。

3　**パスタをゆでる**
スパゲッティを袋の表示時間より4分短めにゆでる（→p.8コツ4参照）。

4　**仕上げる**
スパゲッティがゆで上がる少し前にソースにゆで汁¼カップを加え、再び中火にかけて煮立てる。ゆで上がったスパゲッティ、オリーブオイル大さじ1、様子を見て残りのゆで汁適量を加え、フライパンをゆすってソースをからめる。スパゲッティのかたさを見てから、最後にトマトケチャップ、ピーマンを加え、さっとあえて器に盛る。好みで、昔ながらの粉チーズとタバスコをふる。

| SALAD |

グリーンピースと半熟卵のサラダ

グリーンピース（さやから出したもの）2カップは塩ゆでし、ざるに上げる。半熟のゆで卵を2個作って、半分に切る。器にグリーンピースを盛り、半熟卵をのせ、オリーブオイル適量を回しかける。塩、粗びき黒こしょう各少々をふり、卵をくずしながらいただく。

サラダを入れた柄のある器、縁が水色の取り皿はアラビアのビンテージもの。楕円の黄色い皿はロイヤルコペンハーゲン。
カトラリーはホテル仕様のクリストフル。ランチョンマットは日本の雑貨屋さんで買ったもの。

コクのあるパスタ

― チーズ、クリーム系 ―

クリーミーなソースに、おろした
パルメザンチーズを混ぜ込んだり、
生クリームを煮つめて
こっくりした味に仕上げたパスタ。
cobo流のカルボナーラは
失敗しにくいレシピなので、ぜひ！

きのこのクリームパスタ
　＋
根菜のポットロースト

濃厚な風味の乾燥ポルチーニと、歯ごたえのあるエリンギのパスタです。
きのこはどちらも小さく切って、そのうまみをクリームソースに引き出すのがコツ。
ポットローストは根菜を蒸焼きにするので、栄養も風味も逃しません。

| PASTA |
きのこのクリームパスタ

材料（2人分）
スパゲッティ　200g
ポルチーニ（乾燥）　8g
エリンギ　2〜3本
玉ねぎ　¼個
A ┌ にんにく（つぶす）　1かけ
　├ オリーブオイル　大さじ1
　└ バター　10g
生クリーム　1カップ
塩　適量
パスタのゆで汁
　½〜¾カップ（何度かに分ける）
バター　5g
パルメザンチーズ　大さじ3
黒こしょう　少々
イタリアンパセリのみじん切り　適量

1　**下ごしらえをする**
ポルチーニは水½カップにつけてもどし、粗みじん切りにする。もどし汁はペーパータオルでこす。エリンギは小さな角切りにし、玉ねぎはみじん切りにする。

2　**ソースを作る**
フライパンにAを入れて弱火にかけ、にんにくの香りが立ってきたらにんにくを取り除く。玉ねぎを加えてよく炒め、中火にしてきのこ類を加え、塩少々をふって炒める。ポルチーニのもどし汁、生クリームを加えてふつふつ沸くくらいの火加減にし、半量まで煮つめて、火を止める（写真）。

3　**パスタをゆでる**
スパゲッティを袋の表示時間より3分短めにゆでる（→p.8コツ4参照）。

4　**仕上げる**
スパゲッティがゆで上がる少し前にソースにゆで汁¼カップを加え、再び中火にかけて煮立てる。ゆで上がったスパゲッティ、バター、パルメザンチーズ、様子を見て残りのゆで汁適量を加え、フライパンをゆすってソースをからめる。スパゲッティのかたさを見てから、器に盛り、黒こしょう、イタリアンパセリをふる。

| SIDE DISH |
根菜のポットロースト

蓮根、にんじん、さつまいも、ごぼう、あれば紅芯大根など、好みの根菜各適量は下処理をして適当な大きさに切る。厚手の鍋に入れ、オリーブオイル適量を全体に回しかけ、塩少々をふってから、ローリエ1枚、ローズマリー1本、タイム2本をのせてふたをする。じか火の場合は中火にかけ、沸騰したら弱火にし、15〜20分、蒸焼きにする。オーブンの場合は200℃で20〜25分焼く。好みでオリーブオイルや塩をふっていただく。
※鍋が厚手でない場合は、水小さじ1を加えるといい。

カルボナーラ
　＋
マッシュルーム入りグリーンサラダ

作り方はp.60

スモークサーモンのクリームパスタ
　＋
紫キャベツとにんじんのレモンサラダ

作り方は p.61

カルボナーラ
＋
マッシュルーム入りグリーンサラダ

カルボナーラは奥が深いパスタです。卵に火が入りすぎるといり卵になってしまい、足りないと生っぽくなる。私のレシピは余熱を利用するから、失敗しにくい方法です。濃厚なカルボナーラには、さっぱりしたグリーンサラダを添えて。

PASTA
カルボナーラ

材料（2人分）
スパゲッティ　200g
ベーコン（ブロック）　70g
A ┌ 卵　2個
　│ 卵黄　2個分
　│ パルメザンチーズ
　│ 　30〜40g
　└ 黒こしょう　小さじ½
オリーブオイル　大さじ2
白ワイン　60mℓ
塩　適量
パスタのゆで汁　½〜¾カップ
　（何度かに分ける）
黒こしょう　少々

1　下ごしらえをする
ベーコンは7〜8mm角の拍子木に切る。ボウルにAを入れて（写真a）、よく混ぜ合わせる。

2　ソースを作る
フライパンにオリーブオイルとベーコンを入れ、弱火でじっくりと炒める。焼き色がついて香ばしくなったら、白ワインを加えて煮立て、へらで鍋底のうまみをこそげ取る（写真b）。半量になるまで煮つめ、火を止める。

3　パスタをゆでる
スパゲッティを袋の表示時間より3分短めにゆでる（→p.8コツ4参照）。

4　仕上げる
スパゲッティがゆで上がる少し前にソースにゆで汁¼カップを加え、再び中火にかけて煮立てる。ゆで上がったスパゲッティを加え、アルデンテになるまで加熱し、スパゲッティのかたさを見てから、火を止める。Aの卵液を一気に加え（写真c）、ざっと混ぜる。ごく弱火にかけ、へらで大きく3〜4回混ぜてソースをからめ、10秒くらいで火を止める。この段階でかなり水分が残っていても（写真d）、余熱が入るので大丈夫。器に盛り、黒こしょうをふる。

a　　b　　c　　d

SALAD
マッシュルーム入りグリーンサラダ

ドレッシングを作る。ボウルにマスタード小さじ1、赤ワインビネガー小さじ2、オリーブオイル大さじ3、玉ねぎのみじん切り小さじ1、塩、こしょう各少々を入れ、よく混ぜ合わせる。マッシュルーム5〜6個は石づきを取って薄切りにし、きゅうり1本は斜め薄切りにする。グリーンカール、ベビーリーフなどの葉野菜各適量はちぎる。マッシュルーム、きゅうり、葉野菜をドレッシングであえる。

スモークサーモンのクリームパスタ
　　＋
紫キャベツとにんじんのレモンサラダ

スモークサーモンと相性のいい、ディルの香りも一緒に楽しみます。
クリームソースをぎゅっと煮つめるのがおいしく作るコツ。
歯ざわりのいいせん切り野菜のサラダは、レモン風味でさわやかに。

| PASTA |
スモークサーモンのクリームパスタ

材料（2人分）
リングイネ　200g
スモークサーモン　70g
A ┌ にんにく（つぶす）　1かけ
　└ オリーブオイル　大さじ1
白ワイン　大さじ1
生クリーム　1カップ
塩　適量
パスタのゆで汁
　　1/2〜3/4カップ（何度かに分ける）
パルメザンチーズ　適量
ディルのみじん切り　大さじ1
こしょう　少々
レモン　適量

1　下ごしらえをする
　スモークサーモンは細切りにする。

2　ソースを作る
　フライパンにAを入れて弱火でじっくりと炒め、にんにくがきつね色になったら取り出す。スモークサーモン、白ワイン、生クリームを加え、弱めの中火にして半量になるまで煮つめ、火を止める。

3　パスタをゆでる
　リングイネを袋の表示時間より3分短めにゆでる（→p.8 コツ4参照）。

4　仕上げる
　リングイネがゆで上がる少し前にソースにゆで汁1/4カップを加え、再び中火にかけて煮立てる。ゆで上がったリングイネ、パルメザンチーズ、ディルの半量、様子を見て残りのゆで汁適量を加え、フライパンをゆすってソースをからめる。リングイネのかたさを見てから、器に盛り、こしょうと残りのディルをふり、くし形に切ったレモンをしぼっていただく。

| SALAD |
紫キャベツとにんじんのレモンサラダ

にんじん1/2本は皮をむき、紫キャベツ1/6個とともにせん切りにする。ボウルに入れ、塩少々をふって混ぜ、しばらくおいてなじませる。オリーブオイル大さじ1、塩、こしょう各少々、レモン汁大さじ1を加えてあえる。
※普通のキャベツでも同様に作れる。

| SIDE DISH |
さつまいものソテーといちじく

さつまいも1本は皮ごと5〜6cm長さに切り、6〜8等分に切る。いちじく2個はそれぞれ6等分に切る。フライパンにオリーブオイル大さじ2を熱し、さつまいもを入れて弱火でじっくりと焼いて火を通す。バター20gを加え、全体がカリッとするまで回しながら焼き、塩を軽くふって、いちじくとともに器に盛る。あいたフライパンにバルサミコ酢大さじ3を入れ、弱火にかけてとろっとするまで煮つめ、さつまいもといちじくに回しかけ、こしょう少々をふる。

ジェノベーゼ
＋
さつまいものソテーといちじく

バジルの香りがいっぱいのジェノベーゼソースは、まとめて作っておくと便利。
パルメザンチーズはソースに入れず、あえるときに加えると、保存がききます。
さつまいもは全体がカリカリになるように焼くと、香ばしいおいしさに。

| PASTA |

ジェノベーゼ

材料（2人分）
リングイネ　200g
じゃがいも　1個
さやいんげん　8本
［ジェノベーゼソース］
　（A=作りやすい分量。4人分）
A ┌ バジルの葉　50g
　├ 松の実　50g
　├ オリーブオイル　¾カップ
　├ レモン汁　小さじ½
　├ にんにくのすりおろし　½かけ分
　└ 塩　ふたつまみ
オリーブオイル　大さじ½（これは2人分）
パルメザンチーズ　½カップ（これは2人分）

塩　適量
パスタのゆで汁　大さじ2

1　下ごしらえをする
じゃがいもは皮をむいてさいの目に切り、さやいんげんは筋を取って4等分に切り、ゆでる。

2　ソースを作る
ジェノベーゼソースを作る。Aの松の実は軽くいって冷ます。Aの残りの材料とともにフードプロセッサー（またはミキサー）にかけ、なめらかなソース状にする。
大きめのボウルに上記のAの半量、オリーブオイル、パルメザンチーズを混ぜてジェノベーゼソースとし、ゆでたじゃがいもとさやいんげんを加える。

3　パスタをゆでる
リングイネを袋の表示時間より1分短めにゆでる（→p.8 コツ4参照）。

4　仕上げる
ゆで上がったリングイネと分量のゆで汁を2のボウルに加え、パスタをゆでた鍋の上にボウルごとのせ、湯気で温めながらよくあえて（→p.81参照）、器に盛る。

※余ったジェノベーゼソースのAは瓶に入れ、オリーブオイルを表面に流して空気を遮断する。冷蔵庫で2週間ほど保存可。

うにのクリームパスタ
＋
白身魚のカルパッチョ

| PASTA |
うにのクリームパスタ

材料（2人分）
スパゲッティーニ　200g
うに（生）　150〜200g
A ┌ にんにく（つぶす）　½かけ
　├ 赤とうがらし（種を抜く）　½本
　└ オリーブオイル　大さじ1
白ワイン　大さじ2
B ┌ 生クリーム　¾カップ
　├ バター　10g
　└ 塩　少々
塩　適量
パスタのゆで汁
　½〜¾カップ（何度かに分ける）
パルメザンチーズ　適量

1 **下ごしらえをする**
うには一部を飾り用に取り分けておき、残りは半量ずつに分けておく。

2 **ソースを作る**
フライパンにAを入れて弱火にかけ、にんにくが薄く色づいてきたら、にんにくと赤とうがらしを取り除く。白ワインを入れて混ぜ、うにの半量、Bを加えて火を止め、混ぜ合わせる。

3 **パスタをゆでる**
スパゲッティーニを袋の表示時間より2分短めにゆでる（→p.8コツ4参照）。

4 **仕上げる**
スパゲッティーニがゆで上がる少し前にソースにゆで汁¼カップを加え、再び中火にかける。ゆで上がったスパゲッティーニ、パルメザンチーズ大さじ1、様子を見て残りのゆで汁適量を加え、フライパンをゆすってソースをからめる。スパゲッティーニのかたさを見てから、残りのうにを加えて混ぜる。器に盛り、パルメザンチーズをふり、飾り用のうにをのせ、うにの上に塩少々をふる。

| SIDE DISH |
白身魚のカルパッチョ

ドライトマト大1個、ケイパー5〜6粒をみじん切りにし、オリーブオイル大さじ2につける。白身魚（刺身用の鯛など）のさく100gは薄いそぎ切りにし、にんにくの断面をこすりつけた皿に平らに並べる。ラディッシュ1個を薄い輪切りにして散らし、ドライトマトとケイパー入りのオイルをかける。塩少々をふり、レモン少々をしぼっていただく。

生のうにを使った、ちょっと贅沢なパスタです。
うにには火を通しすぎないよう、2回に分けて加えるのがコツ。
カルパッチョは皿ににんにくをこすりつけておくのがポイントです。

ブルーチーズとくるみのペンネ
　＋
じゃがいもとアボカドのサラダ

ブルーチーズの種類は、好みのものを使ってください。
これはソースがあっという間にできてしまうので、パスタをゆでるのと同時進行でも。
サラダはじゃがいもをやわらかめにゆでて、アボカドの食感とそろえます。

| PASTA |

ブルーチーズとくるみのペンネ

材料（2人分）
ペンネ　140g
くるみ　30g
A ┌ ブルーチーズ
　│ 　（→p.32、ロックフォール）　40g
　│ パルメザンチーズ　大さじ1
　└ 生クリーム　¾カップ
バター　15g
塩　適量
パスタのゆで汁
　¼～¾カップ（何度かに分ける）

1　**下ごしらえをする**
　くるみは軽くいって、粗く刻む。

2　**ソースを作る**
　フライパン（あれば平鍋）にAを入れて弱火にかけ、へらでブルーチーズをくずしながら溶き混ぜる。全部溶けたら中火にし、ひと煮立ちさせて火を止め、バターを溶かし入れる。

3　**パスタをゆでる**
　ペンネを袋の表示時間より2分短めにゆでる（→p.8コツ4参照）。

4　**仕上げる**
　ペンネがゆで上がる少し前にソースにゆで汁¼カップを加え、中火にかける。ゆで上がったペンネ、様子を見て残りのゆで汁適量を加え、フライパンをゆすってソースをからめる（写真）。ペンネのかたさを見てから、器に盛り、くるみをのせる。

※ブルーチーズは、ゴルゴンゾーラなどマイルドなものを使う場合は、分量を増やしてもいい。仕上げで塩分が強い場合は、パスタのゆで汁の代りに湯を使う。

| SALAD |

じゃがいもとアボカドのサラダ

じゃがいも2個は皮をむいて一口大に切り、ゆでて水分をとばし、軽くつぶす。アボカド1個は種と皮を除き、一口大に切る。ドレッシングを作る。ボウルにマスタード、玉ねぎのみじん切り各小さじ1、赤ワインビネガー小さじ2、オリーブオイル大さじ3、塩、こしょう各少々を混ぜ合わせる。じゃがいもとアボカドを加えてあえ、器に盛る。粗びき黒こしょうをふり、ざく切りにしたイタリアンパセリを散らす。
※赤ワインビネガーの代りに白ワインビネガーでもいい。

鶏ひき肉とアーモンドのクリームパスタ
＋
パプリカのロースト

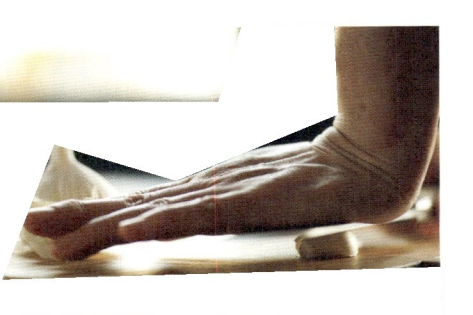

クリームにナッツのコクが加わった、濃厚でボリューム感のあるパスタ。
鶏ひき肉をほぐしすぎず、ごろごろかたまりが残るように焼きつけるのがコツ。
パプリカは茎をきれいに残して切ると、かわいい形に仕上がります。

| PASTA |
鶏ひき肉とアーモンドのクリームパスタ

材料（2人分）
スパゲッティ　200g
鶏ひき肉　100g
アーモンド　15g
玉ねぎ　⅛個
A ┌ にんにく（つぶす）　1かけ
　├ 赤とうがらし（種を抜く）　½本
　├ タイム（あれば）　2本
　└ オリーブオイル　大さじ1
バター　10g
塩、こしょう　各適量
白ワイン　大さじ1
生クリーム　1カップ
パルメザンチーズ　大さじ1～1½
パスタのゆで汁
　¼～¾カップ（何度かに分ける）
ブランデー（あれば）　大さじ1
黒こしょう、ピンクペッパー　各少々

1　**下ごしらえをする**
アーモンド、玉ねぎはみじん切りにする。

2　**ソースを作る**
フライパンにAを入れて弱火でじっくりと炒め、にんにくがきつね色になったらにんにくと赤とうがらしを取り出す。中火にしてバターと玉ねぎを加えて炒め、鶏ひき肉を加えて広げ、あまりさわらずに両面をしっかり焼きつける。へらでおおまかにほぐし、塩、こしょう、白ワインを加え、へらで鍋底のうまみをこそげ取る。アーモンド、生クリーム、パルメザンチーズを加え、弱火にして半量になるまで煮つめ、火を止める。

3　**パスタをゆでる**
スパゲッティを袋の表示時間より3分短めにゆでる（→p.8コツ4参照）。

4　**仕上げる**
スパゲッティがゆで上がる少し前にソースにゆで汁¼カップを加え、再び中火にかける。ゆで上がったスパゲッティ、様子を見て残りのゆで汁適量を加え、フライパンをゆすってソースをからめる。あればブランデーを加えて混ぜ、スパゲッティのかたさを見てから、火を止める。器に盛り、黒こしょうをふり、砕いたピンクペッパーを散らす。

| SIDE DISH |

パプリカのロースト

赤パプリカ2個は茎を残して縦半分に切り、種を取る。ミニトマト12個はへたを取って、湯むきする。バットなどにオーブンシートを敷き、パプリカを並べ、それぞれトマトを3個ずつ入れる。それぞれに塩少々、オリーブオイル小さじ1をふる。160℃のオーブンで1時間30分ほど、甘い香りがするまで焼く。粗熱を取って、冷蔵庫で冷やす。
ソースを作る。アンチョビー4枚を細かくたたき、バルサミコ酢大さじ2、にんにくのみじん切りほんの少々、オリーブオイル大さじ4と混ぜ合わせる。
パプリカのローストにソースを小さじ1ずつかけ、あればフェタチーズ（→p.32）、バジル各少々をのせていただく。
※余ったソースは冷蔵庫で1週間保存可。蒸し野菜やグリル野菜にかけて。

レモンクリームパスタ
　＋
粗びきソーセージとセロリサラダ

レモンの皮と果汁を使ったさわやかなパスタ。私は柑橘類の酸味が大好きです。
焦がしバターで風味をつけ、さわやかだけれどコクのある味に。
パスタが軽いので、セロリサラダにはソーセージを添えます。

| PASTA |
レモンクリームパスタ

材料（2人分）
リングイネ　200g
レモン　1個
バター　20g
A ┌ 生クリーム　¼カップ
　 └ パルメザンチーズ　大さじ2
パスタのゆで汁
　　½〜¾カップ（何度かに分ける）
B ┌ バター　10g
　 └ パルメザンチーズ　大さじ2
塩　適量
パルメザンチーズ　適量

1　**下ごしらえをする**
　レモンの皮は½個分をチーズおろしなどで細長くおろし、果汁はしぼって大さじ2用意する。

2　**ソースを作る**
　フライパンにバターをとかし、弱火で焦がさないよう、うっすら縁が茶色になるまで加熱して火を止める。1のレモン果汁を入れ、フライパンをゆすって混ぜる。Aを加え、弱火にかけてパルメザンチーズを溶かし、火を止める。

3　**パスタをゆでる**
　リングイネを袋の表示時間より3分短めにゆでる（→p.8 コツ4参照）。

4　**仕上げる**
　リングイネがゆで上がる少し前にソースにゆで汁¼カップを加え、再び中火にかける。ゆで上がったリングイネ、B、様子を見て残りのゆで汁適量を加え、フライパンをゆすってソースをからめる。リングイネのかたさを見てから、器に盛り、パルメザンチーズをたっぷりふり、1のレモンの皮を散らす。

| SALAD |
粗びきソーセージとセロリサラダ

セロリの茎1本分は縦半分に切って、斜め薄切りにする。ボウルにレモン汁、オリーブオイル各小さじ1〜1½、塩、こしょう各少々を入れて混ぜ、セロリ、ちぎったイタリアンパセリ1本分を加えてあえる。フライパンにオリーブオイル少々を熱し、粗びきソーセージ4本をこんがりと焼く。セロリサラダとともに器に盛る。

かきと白菜のクリームパスタ
　＋
いんげんのくるみあえ

かきと白菜という相性のいい素材を、少なめの生クリームで軽めに仕上げます。
かきは片栗粉で汚れを落とし、火を通しすぎないのがコツ。
さやいんげんは長いまま仕上げて、ボリューム感を出します。

| PASTA |
かきと白菜のクリームパスタ

材料（2人分）
スパゲッティ　200g
かき　約120g（10〜12個）
片栗粉　適量
白菜　70g
オリーブオイル　大さじ1
塩　適量
こしょう　少々
白ワイン　大さじ2
生クリーム　¼カップ
パスタのゆで汁　¼〜½カップ
パルメザンチーズ　適量
あさつきの小口切り　少々

1　**下ごしらえをする**
かきは片栗粉をまぶして軽くもみ、冷水でよく洗って汚れを落とし、水気をふく。白菜は軸と葉に切り分け、軸は細切りにし、葉は食べやすい大きさのざく切りにする。

2　**ソースを作る**
フライパンにオリーブオイルを熱し、白菜の軸を入れて透き通るまで炒める。白菜の葉とかきを加えてさっと炒め、塩少々、こしょうをふる。白ワインを加えて煮立て、へらで鍋底のうまみをこそげ取る。生クリームを加えて弱火にし、ふつふつとするまでひと煮立ちさせ、火を止める。

3　**パスタをゆでる**
スパゲッティを袋の表示時間より3分短めにゆでる（→p.8 コツ4参照）。

4　**仕上げる**
スパゲッティがゆで上がる少し前にソースにゆで汁¼カップを加え、再び中火にかける。ゆで上がったスパゲッティ、パルメザンチーズ大さじ1、様子を見て残りのゆで汁適量を加え、フライパンをゆすってソースをからめる。スパゲッティのかたさを見てから、器に盛り、パルメザンチーズをふり、あさつきを散らす。

| SALAD |
いんげんのくるみあえ

さやいんげん150gは筋を取り、ややかためにゆでる。くるみ¼カップはからいりして粗く刻む。ボウルにさやいんげん、くるみ、オリーブオイル（あれば、くるみオイル）大さじ2、塩、こしょう各少々を入れてあえる。
※いただく2〜3時間前にあえておいても大丈夫。

おまけレシピ

作り方は p.76

カリフラワーの簡単パスタ
＋
サーモンソテーの香味野菜ソース

おまけレシピ

作り方は p.77

いろいろトマトの冷製パスタ
＋
ズッキーニとミントのサラダ

おまけレシピ

カリフラワーの簡単パスタ
＋
サーモンソテーの香味野菜ソース

ゆでたカリフラワーとパスタに、オリーブオイルとパルメザンチーズをかけるだけ。
私は「釜揚げパスタ」と呼んでいますが、超簡単、でもおいしいパスタです。
白いご飯のようなものなので、サーモンのソテーをおかずに。

| PASTA |
カリフラワーの簡単パスタ

材料（2人分）
スパゲッティ　200g
カリフラワー　400g
塩　適量
オリーブオイル　大さじ1
パルメザンチーズ　適量

1　**下ごしらえをする**
　　カリフラワーは小房に分ける。

2　**パスタをゆでる**
　　スパゲッティをゆでる（→p.8コツ4参照）。このとき、カリフラワーも加えて一緒にゆでる（写真）。袋の表示時間より1分短めにゆで、取り出す。

3　**仕上げる**
　　ゆで上がったスパゲッティとカリフラワーを器に盛り、オリーブオイルを回しかけ、パルメザンチーズをたっぷりふる。

※好みで黒こしょうをふってもいい。

| SIDE DISH |
サーモンソテーの香味野菜ソース

香味野菜ソースを作る。赤玉ねぎ（または玉ねぎ）⅛個、ピーマン½個、イタリアンパセリ少々、にんにく少々はすべてみじん切りにする。トマト小1個は小さめの角切りにする。以上をボウルに入れ、レモン汁½個分、オリーブオイル大さじ2、塩、こしょう各少々を加えてあえる。

サーモン（切り身）2切れは一口大に切り、塩、こしょう各少々をふる。フライパンにバター少々をとかし、サーモンを入れてこんがりと焼く。器に盛り、香味野菜ソースをかける。
※余った香味野菜ソースは、冷蔵庫で3日ほど保存可。肉や魚のソースとして使える。また、好みで赤とうがらしのみじん切り少々、香菜のざく切りを加えてもいい。

おまけレシピ

いろいろトマトの冷製パスタ
＋
ズッキーニとミントのサラダ

トマトたっぷりのサラダ感覚で食べられる冷たいパスタ。
トマトから出るジュースがおいしいので、残ったらバゲットを浸して食べてください。
ズッキーニは歯ざわりよく焼いて、ステーキのように切りながらどうぞ。

| PASTA |
いろいろトマトの冷製パスタ

材料（2人分）
スパゲッティーニ　140g
ミニトマト　20個
　（あれば赤、黄、オレンジなど）
A ┌ にんにくのすりおろし　少々
　│ 塩　小さじ1
　│ オリーブオイル　大さじ4
　│ バルサミコ酢　小さじ1
　└ はちみつ　小さじ1
塩　適量
バジル　適量

1　**下ごしらえをする**
　ミニトマトはへたを取り、半量を半分に切り、残りを4等分に切る。

2　**ソースを作る**
　ボウルにミニトマトとAを入れ、フォークの背でミニトマトをつぶすようにして混ぜ（写真a）、15分ほどマリネする。

3　**パスタをゆでる**
　スパゲッティーニを袋の表示時間どおりにゆで、湯をきる（→p.8ニツ4参照）。氷水にとって10秒ほどしめて（写真b）、水気をしっかりきる。

4　**仕上げる**
　スパゲッティーニを2のボウルに入れる。バジルをちぎって加え、ソースとあえ、器に盛る。

| SALAD |
ズッキーニとミントのサラダ

ズッキーニ2本は縦半分に切る。フライパンにオリーブオイル大さじ1〜2を熱し、ズッキーニを入れて両面を香ばしく焼く。器に盛り、みじん切りにしたミント適量、オリーブオイル、レモン汁各小さじ1を混ぜ合わせたものをかける。塩、砕いたピンクペッパー各少々をふり、ミントをちぎって散らす。

おまけレシピ

作り方は p.80

ミネストローネ
＋
チキングリル バルサミコ風味

おまけレシピ
———

作り方は p.81

明太子のパスタ
＋
アボカドの梅ぽん酢

おまけレシピ

ミネストローネ
＋
チキングリル バルサミコ風味

ちょっと疲れているときなどにもおすすめの、体にやさしいスープパスタ。
スープを多めに作っておいて、食べるときにパスタを加えるのがコツ。
野菜だけのスープなので、ガッツリした味のチキンを合わせます。

| PASTA |
ミネストローネ

材料（作りやすい分量。4人分）
スパゲッティーニ　60〜80g（これは2人分）
白いんげん豆（乾燥）　100g
ローリエ　1枚
にんにく（つぶす）　1かけ
にんじん　1本
じゃがいも　大1個
トマト　小1個
セロリ　1本
玉ねぎ　1個
長ねぎ　½本
オリーブオイル　大さじ3
塩、黒こしょう　各適量
パルメザンチーズ　適量

1　**下ごしらえをする**
白いんげん豆はたっぷりの水に一晩つけてもどす。
もどした豆はもどし汁を捨てて鍋に入れ、かぶるくらいの新しい水、ローリエ、にんにくを入れて火にかけ、沸騰したらアクを取りながら、やわらかくなるまで30分ほどゆでる。火を止めて、ゆで汁に入れたまま、おく。
にんじんとじゃがいもは皮をむき、トマトとともに小さい角切りにする。セロリは薄切り、玉ねぎは粗みじん切り、長ねぎはみじん切りにする。

2　**スープを作る**
鍋にオリーブオイル大さじ2を熱し、野菜をすべて入れて塩少々をふり、弱火でしんなりするまで炒める。豆を加え、豆のゆで汁をかぶるくらいまで加える（足りなければ水を足す）。塩小さじ½を加え、弱火でアクを取りながら1時間〜1時間30分、コトコト煮込む。最後に塩で味を調える。

3　**仕上げる**
2のスープ半量（2人分）を、別の鍋に取り分けて温める。スパゲッティーニを2〜3cmの長さに折って加え、袋の表示時間以上、スパゲッティーニがやわらかくなるまで煮る。途中、煮つまりすぎたら、少し水を足す。器に盛り、オリーブオイル大さじ1を半量ずつ回しかけ、パルメザンチーズ、黒こしょうをふる。

※余ったスープは冷蔵庫で2日ほど保存可。

| SIDE DISH |
チキングリル バルサミコ風味

鶏もも肉1枚（約300g）は余分な脂肪を取り除き、フォークで皮目を3〜4か所刺し、4等分に切る。水気をふき、塩、こしょう各少々をふる。
マリネ液を作る。ボウルに黒オリーブ（種抜き）のみじん切り5粒分、にんにくのみじん切り½かけ分、オリーブオイル、バルサミコ酢各大さじ2、白ワイン大さじ1を入れて混ぜ合わせる。
マリネ液に鶏肉とローズマリー1本を加え、1時間ほど漬ける。天板にオーブンシートを敷き、マリネした鶏肉と、トマト中4個をのせ、180℃のオーブンで15〜20分焼く。
※オーブントースターで焼く場合は、前半の時間はアルミホイルをかける。

おまけレシピ
───────

明太子のパスタ
　＋
アボカドの梅ぽん酢

和風パスタの人気ナンバーワン！　いろいろなレシピがありますが、私のは明太子とバターだけ。湯の入った鍋の上に、ボウルをのせてあえるのがポイントです。
アボカドの梅ぽん酢は、酸っぱすぎない梅干しを使ってください。

❚ PASTA ❚
明太子のパスタ

材料（2人分）
スパゲッティ　200g
からし明太子　100g
青じそ　2〜3枚
バター　30g
オリーブオイル　小さじ1
パスタのゆで汁　大さじ2〜3
塩、こしょう　各適量

1　**下ごしらえをする**
　　明太子は縦に切り目を入れ、スプーンなどで中身をこそげ取る。青じそはせん切りにする。ボウルに明太子、バター、オリーブオイルを入れて混ぜる。

2　**パスタをゆでる**
　　スパゲッティを袋の表示時間より1分短めにゆでる（→p.8 コツ4参照）。

3　**仕上げる**
　　ゆで上がったスパゲッティと分量のゆで汁を1のボウルに加え、パスタをゆでた鍋の上にボウルごとのせ、湯気で温めながらよくあえる（写真）。味をみて、塩、こしょうで調える。器に盛り、青じそのせん切りをのせる。

❚ SALAD ❚
アボカドの梅ぽん酢

アボカド1個は縦半分に切って種を除く。塩分控えめでほんのり甘めの梅干し2個の種を除き、梅肉をたたいて、ぽん酢大さじ2と混ぜ、アボカドにかける。みょうが1個を小口切りにしてのせ、焼きのりをたっぷりちぎってのせる。スプーンですくっていただく。

| パスタを盛りやすい器

スープ皿タイプがいちばんおすすめ！

浅いボウルタイプもOK

2～3人用なら大皿か大きいボウル

解説はp.84

パスタは少し深さのある器が盛りやすい

　パスタを盛る器は、スープ皿のように少し深さがあるものがおすすめです。一人用ならスープ皿か、またはごく浅いボウルのようなもの。フラットな皿にパスタを盛ると広がって高さが出ませんが、深さのある器だと自然に立体的になるので、おいしそうに見えるのです。また、スープ皿はサブメニューのサラダなども盛りつけやすく、使い勝手のいい器です。スープ皿タイプ（→p.82写真）と浅いボウルタイプ（→p.83写真上）は、すべて北欧とフランスのビンテージものです。

　2～3人用のパスタを盛り合わせるときは、やはり少し立上りのある大皿か、大きなボウルなどに（→p.83写真下）。手前の楕円皿と奥の木の葉形の皿は、スウェーデンのビンテージもの。濃いチョコレート色は、白いパスタなどがよく合います。右上はぬくもりがあるアメリカのミキシングボウル。左下はインドネシアの現代の器で、かなり渋い色合いなので、カラフルな取り皿を合わせたりします。

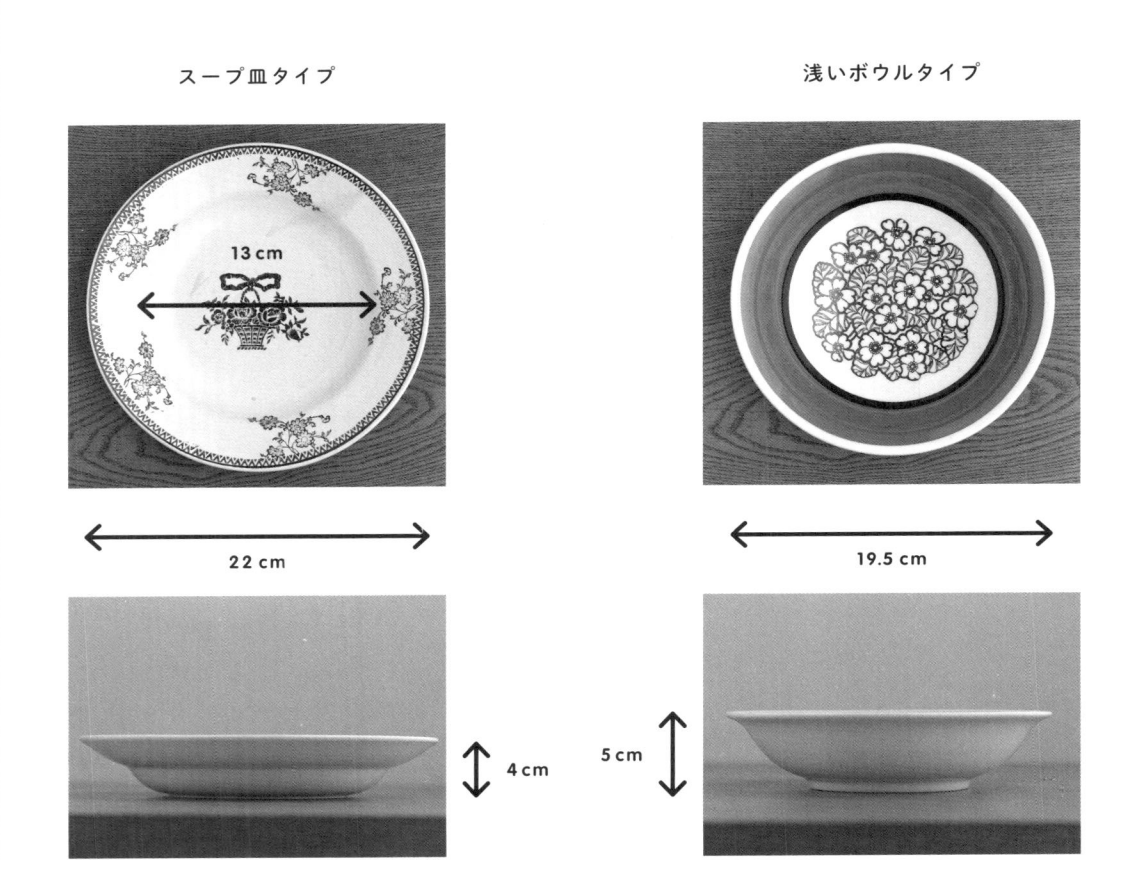

スープ皿タイプ　　　　　　　　　　浅いボウルタイプ

器とクロスの柄合せはバランスが大事

　器もクロスも、旅先で買うことが多いですね。必ず、のみの市や雑貨屋さんなどをのぞいてしまいます。皿は同じものを何枚かそろえる必要はないと思っているので、好きなものを見つけたら1枚でも買って、連れて帰ってきます（笑）。

　好きな器を集めていますが、白い皿は1〜2枚しか持っていなくて、ラインや柄が入ったものがほとんどです。柄と柄を合わせたり、それを色でつないだりする感覚が好きみたいです。

　木のテーブルの場合は、どんな色柄の皿が並んでも自然にまとまりますが、柄のクロスに柄の皿を合わせる場合は、バランスが大事です。クロス、皿、料理の色をどこかでリンクさせたり、逆に反対色を持ってきてアクセントをつけたり、いろいろなことができます。

　クロスの柄がやわらかいと、皿は合わせやすくなります（→p.86写真上）。また、クロスが強いチェックのときは、赤などの強い色を持ってきて、ステンシルで縁取りがくっきりした皿を合わせたりしても（→p.86写真下）。全体のトーンがあまり寒色系になりすぎないようにするのも、おいしそうに見せるポイント！　なんだか寂しいとか、おいしそうに見えないかもと思うときには、私は黄色やオレンジの皿を取り入れることによって、温かみを出すようにしています（→p.87写真）。

　柄合せは、あまりむずかしく考えなくても大丈夫。自分の「好き」という感覚はどんなものでもどこかでつながっているので、テーブルの上でも自然と調和がとれるはず。好きだなと思う組合せがあったら、躊躇せずにまず試してみてください。きっと、だんだん楽しくなってきますよ。

器とクロスの柄合せ

解説は p.85

小堀紀代美 こぼり・きよみ

1968年、栃木県宇都宮市生れ。実家は大きな洋菓子店で、小さいころから料理好き。結婚後は夫とモダンアートを扱う仕事をしながら、旅先で出会った料理などをヒントに、独自のレシピを研究。2010年より2年間、東京・富ヶ谷にカフェ「LIKE LIKE KITCHEN」を開き、その味が評判となる。現在は料理家として雑誌などで活躍中。また、北欧のビンテージの皿など、器や雑貨のコレクションを持つ。共著に『テーマがあれば 北欧の白い皿に盛るレシピ』(NHK出版)がある。

アートディレクション	遠矢良一(Armchair Travel)
撮影	馬場わかな
イラスト	矢口淳之(MONTEGO)
料理アシスタント	夏目陽子
校閲	山脇節子
編集	成川加名予
	海出正子
	浅井香織(文化出版局)

2品でパスタ定食

2013年5月5日　第1刷発行

著　者　小堀紀代美
発行者　大沼　淳
発行所　学校法人文化学園 文化出版局
　　　　〒151-8524
　　　　東京都渋谷区代々木3-22-7
　　　　電話03-3299-2565(編集)
　　　　　　03-3299-2540(営業)
印刷・製本所　株式会社文化カラー印刷

©Kiyomi Kobori 2013
Printed in Japan
本書の写真、カット及び内容の無断転載を禁じます。

本書のコピー、スキャン、デジタル化等の無断複製は
著作権法上での例外を除き、禁じられています。
本書を代行業者等の第三者に依頼してスキャンやデジタル化することは、
たとえ個人や家庭内での利用でも著作権法違反になります。

文化出版局のホームページ　http://books.bunka.ac.jp/